This Recipe Book Belongs To:

_____

Recipe

SERVES:

PREP TIME:

BAKE TIME:

Ingredients

- [ ]
- [ ]
- [ ]
- [ ]
- [ ]
- [ ]
- [ ]
- [ ]
- [ ]
- [ ]

- [ ]
- [ ]
- [ ]
- [ ]
- [ ]
- [ ]
- [ ]
- [ ]
- [ ]
- [ ]

- [ ]
- [ ]
- [ ]
- [ ]
- [ ]
- [ ]
- [ ]
- [ ]
- [ ]
- [ ]

Instructions

Recipe

SERVES: **PREP TIME:** **BAKE TIME:**

Ingredients

- [ ]
- [ ]
- [ ]
- [ ]
- [ ]
- [ ]
- [ ]
- [ ]
- [ ]
- [ ]

- [ ]
- [ ]
- [ ]
- [ ]
- [ ]
- [ ]
- [ ]
- [ ]
- [ ]
- [ ]

- [ ]
- [ ]
- [ ]
- [ ]
- [ ]
- [ ]
- [ ]
- [ ]
- [ ]
- [ ]

Instructions

Recipe

SERVES:	PREP TIME:	BAKE TIME:

Ingredients

- [ ] _____
- [ ] _____
- [ ] _____
- [ ] _____
- [ ] _____
- [ ] _____
- [ ] _____
- [ ] _____
- [ ] _____
- [ ] _____

- [ ] _____
- [ ] _____
- [ ] _____
- [ ] _____
- [ ] _____
- [ ] _____
- [ ] _____
- [ ] _____
- [ ] _____
- [ ] _____

- [ ] _____
- [ ] _____
- [ ] _____
- [ ] _____
- [ ] _____
- [ ] _____
- [ ] _____
- [ ] _____
- [ ] _____
- [ ] _____

Instructions

_____

_____

_____

_____

_____

_____

_____

_____

_____

_____

Recipe

SERVES:

PREP TIME:

BAKE TIME:

Ingredients

- [ ]
- [ ]
- [ ]
- [ ]
- [ ]
- [ ]
- [ ]
- [ ]
- [ ]
- [ ]

- [ ]
- [ ]
- [ ]
- [ ]
- [ ]
- [ ]
- [ ]
- [ ]
- [ ]
- [ ]

- [ ]
- [ ]
- [ ]
- [ ]
- [ ]
- [ ]
- [ ]
- [ ]
- [ ]
- [ ]

Instructions

Recipe

SERVES:

PREP TIME:

BAKE TIME:

Ingredients

Instructions

Recipe Planner

RECIPE:

SOURCE:

SERVINGS

RATING:

★ ★ ★ ★ ★

PREP TIME

BAKE TIME

INGREDIENTS

DIRECTIONS

Notes

Recipe Reviews

REVIEWS

RECIPE	DIFFICULTY LEVEL	RATING
	1 2 3 4 5	★ ★ ★ ★ ★
	1 2 3 4 5	★ ★ ★ ★ ★
	1 2 3 4 5	★ ★ ★ ★ ★
	1 2 3 4 5	★ ★ ★ ★ ★
	1 2 3 4 5	★ ★ ★ ★ ★
	1 2 3 4 5	★ ★ ★ ★ ★
	1 2 3 4 5	★ ★ ★ ★ ★
	1 2 3 4 5	★ ★ ★ ★
	1 2 3 4 5	★ ★ ★ ★ ★
	1 2 3 4 5	★ ★ ★ ★ ★
	1 2 3 4 5	★ ★ ★ ★ ★
	1 2 3 4 5	★ ★ ★ ★ ★
	1 2 3 4 5	★ ★ ★ ★ ★
	1 2 3 4 5	★ ★ ★ ★ ★
	1 2 3 4 5	★ ★ ★ ★ ★
	1 2 3 4 5	★ ★ ★ ★ ★
	1 2 3 4 5	★ ★ ★ ★ ★
	1 2 3 4 5	★ ★ ★ ★ ★
	1 2 3 4 5	★ ★ ★ ★ ★

FAVORITE RECIPES	SERVINGS	PREP TIME	BAKING TIME

Recipe Notes

_____

_____

_____

_____

_____

_____

_____

_____

_____

_____

_____

_____

_____

_____

_____

_____

_____

_____

_____

_____

Ideas	Notes

Recipe

SERVES: **PREP TIME:**   **BAKE TIME:**

Ingredients

- [ ] _____
- [ ] _____
- [ ] _____
- [ ] _____
- [ ] _____
- [ ] _____
- [ ] _____
- [ ] _____
- [ ] _____
- [ ] _____

- [ ] _____
- [ ] _____
- [ ] _____
- [ ] _____
- [ ] _____
- [ ] _____
- [ ] _____
- [ ] _____
- [ ] _____
- [ ] _____

- [ ] _____
- [ ] _____
- [ ] _____
- [ ] _____
- [ ] _____
- [ ] _____
- [ ] _____
- [ ] _____
- [ ] _____
- [ ] _____

Instructions

Recipe

SERVES:	PREP TIME:	BAKE TIME:

Ingredients

- [ ] _____
- [ ] _____
- [ ] _____
- [ ] _____
- [ ] _____
- [ ] _____
- [ ] _____
- [ ] _____
- [ ] _____
- [ ] _____

- [ ] _____
- [ ] _____
- [ ] _____
- [ ] _____
- [ ] _____
- [ ] _____
- [ ] _____
- [ ] _____
- [ ] _____
- [ ] _____

- [ ] _____
- [ ] _____
- [ ] _____
- [ ] _____
- [ ] _____
- [ ] _____
- [ ] _____
- [ ] _____

Instructions

_____
_____
_____
_____
_____
_____
_____
_____
_____
_____

Recipe

SERVES: PREP TIME: BAKE TIME:

Ingredients

- [ ]
- [ ]
- [ ]
- [ ]
- [ ]
- [ ]
- [ ]
- [ ]
- [ ]
- [ ]

- [ ]
- [ ]
- [ ]
- [ ]
- [ ]
- [ ]
- [ ]
- [ ]
- [ ]
- [ ]

- [ ]
- [ ]
- [ ]
- [ ]
- [ ]
- [ ]
- [ ]
- [ ]
- [ ]
- [ ]

Instructions

Recipe

SERVES:	PREP TIME:	BAKE TIME:

Ingredients

- [ ] _____
- [ ] _____
- [ ] _____
- [ ] _____
- [ ] _____
- [ ] _____
- [ ] _____
- [ ] _____
- [ ] _____
- [ ] _____

- [ ] _____
- [ ] _____
- [ ] _____
- [ ] _____
- [ ] _____
- [ ] _____
- [ ] _____
- [ ] _____
- [ ] _____
- [ ] _____

- [ ] _____
- [ ] _____
- [ ] _____
- [ ] _____
- [ ] _____
- [ ] _____
- [ ] _____
- [ ] _____
- [ ] _____
- [ ] _____

Instructions

_____

_____

_____

_____

_____

_____

_____

_____

_____

Recipe

SERVES: **PREP TIME:** **BAKE TIME:**

Ingredients

- [ ]
- [ ]
- [ ]
- [ ]
- [ ]
- [ ]
- [ ]
- [ ]
- [ ]
- [ ]

Instructions

Recipe Planner

RECIPE:

SOURCE:

SERVINGS

RATING:

★ ★ ★ ★ ★

PREP TIME

BAKE TIME

INGREDIENTS

DIRECTIONS

Notes

Recipe Reviews

REVIEWS

RECIPE	DIFFICULTY LEVEL	RATING
	1 2 3 4 5	★ ★ ★ ★ ★
	1 2 3 4 5	★ ★ ★ ★ ★
	1 2 3 4 5	★ ★ ★ ★ ★
	1 2 3 4 5	★ ★ ★ ★ ★
	1 2 3 4 5	★ ★ ★ ★ ★
	1 2 3 4 5	★ ★ ★ ★ ★
	1 2 3 4 5	★ ★ ★ ★ ★
	1 2 3 4 5	★ ★ ★ ★ ★
	1 2 3 4 5	★ ★ ★ ★ ★
	1 2 3 4 5	★ ★ ★ ★ ★
	1 2 3 4 5	★ ★ ★ ★ ★
	1 2 3 4 5	★ ★ ★ ★ ★
	1 2 3 4 5	★ ★ ★ ★ ★
	1 2 3 4 5	★ ★ ★ ★ ★
	1 2 3 4 5	★ ★ ★ ★ ★
	1 2 3 4 5	★ ★ ★ ★ ★
	1 2 3 4 5	★ ★ ★ ★ ★
	1 2 3 4 5	★ ★ ★ ★ ★
	1 2 3 4 5	★ ★ ★ ★ ★

FAVORITE RECIPES	SERVINGS	PREP TIME	BAKING TIME

Recipe Notes

_____

_____

_____

_____

_____

_____

_____

_____

_____

_____

_____

_____

_____

_____

_____

_____

Ideas	Notes

Recipe

PREP TIME:

BAKE TIME:

Ingredients

- [ ]
- [ ]
- [ ]
- [ ]
- [ ]
- [ ]
- [ ]
- [ ]
- [ ]
- [ ]

Instructions

Recipe

SERVES:

PREP TIME:

BAKE TIME:

Ingredients

- [ ] _____
- [ ] _____
- [ ] _____
- [ ] _____
- [ ] _____
- [ ] _____
- [ ] _____
- [ ] _____
- [ ] _____
- [ ] _____

- [ ] _____
- [ ] _____
- [ ] _____
- [ ] _____
- [ ] _____
- [ ] _____
- [ ] _____
- [ ] _____
- [ ] _____

- [ ] _____
- [ ] _____
- [ ] _____
- [ ] _____
- [ ] _____
- [ ] _____
- [ ] _____
- [ ] _____
- [ ] _____

Instructions

_____
_____
_____
_____
_____
_____
_____
_____
_____
_____
_____

Recipe

SERVES:

PREP TIME:

BAKE TIME:

Ingredients

☐ _____
☐ _____
☐ _____
☐ _____
☐ _____
☐ _____
☐ _____
☐ _____
☐ _____
☐ _____

☐ _____
☐ _____
☐ _____
☐ _____
☐ _____
☐ _____
☐ _____
☐ _____
☐ _____
☐ _____

☐ _____
☐ _____
☐ _____
☐ _____
☐ _____
☐ _____
☐ _____
☐ _____
☐ _____
☐ _____

Instructions

_____
_____
_____
_____
_____
_____
_____
_____
_____
_____
_____
_____
_____

Recipe

SERVES:

PREP TIME:

BAKE TIME:

Ingredients

- [ ] _____
- [ ] _____
- [ ] _____
- [ ] _____
- [ ] _____
- [ ] _____
- [ ] _____
- [ ] _____
- [ ] _____
- [ ] _____

- [ ] _____
- [ ] _____
- [ ] _____
- [ ] _____
- [ ] _____
- [ ] _____
- [ ] _____
- [ ] _____
- [ ] _____

- [ ] _____
- [ ] _____
- [ ] _____
- [ ] _____
- [ ] _____
- [ ] _____
- [ ] _____
- [ ] _____

Instructions

_____

_____

_____

_____

_____

_____

_____

_____

_____

_____

Recipe

SERVES:

PREP TIME:

BAKE TIME:

Ingredients

Instructions

Recipe Planner

RECIPE:

SOURCE:

SERVINGS

RATING:

★ ★ ★ ★ ★

PREP TIME	BAKE TIME

INGREDIENTS

DIRECTIONS

Notes

Recipe Reviews

REVIEWS

RECIPE	DIFFICULTY LEVEL	RATING
	1 2 3 4 5	★ ★ ★ ★ ★
	1 2 3 4 5	★ ★ ★ ★ ★
	1 2 3 4 5	★ ★ ★ ★ ★
	1 2 3 4 5	★ ★ ★ ★ ★
	1 2 3 4 5	★ ★ ★ ★ ★
	1 2 3 4 5	★ ★ ★ ★ ★
	1 2 3 4 5	★ ★ ★ ★ ★
	1 2 3 4 5	★ ★ ★ ★ ★
	1 2 3 4 5	★ ★ ★ ★ ★
	1 2 3 4 5	★ ★ ★ ★ ★
	1 2 3 4 5	★ ★ ★ ★ ★
	1 2 3 4 5	★ ★ ★ ★ ★
	1 2 3 4 5	★ ★ ★ ★ ★
	1 2 3 4 5	★ ★ ★ ★ ★
	1 2 3 4 5	★ ★ ★ ★ ★
	1 2 3 4 5	★ ★ ★ ★ ★
	1 2 3 4 5	★ ★ ★ ★ ★
	1 2 3 4 5	★ ★ ★ ★ ★
	1 2 3 4 5	★ ★ ★ ★ ★

FAVORITE RECIPES	SERVINGS	PREP TIME	BAKING TIME

Recipe Notes

Ideas	Notes

Recipe

SERVES:	PREP TIME:	BAKE TIME:

Ingredients

- [ ]
- [ ]
- [ ]
- [ ]
- [ ]
- [ ]
- [ ]
- [ ]
- [ ]
- [ ]

- [ ]
- [ ]
- [ ]
- [ ]
- [ ]
- [ ]
- [ ]
- [ ]
- [ ]
- [ ]

- [ ]
- [ ]
- [ ]
- [ ]
- [ ]
- [ ]
- [ ]
- [ ]
- [ ]
- [ ]

Instructions

Recipe

SERVES:

PREP TIME:

BAKE TIME:

Ingredients

- [ ]
- [ ]
- [ ]
- [ ]
- [ ]
- [ ]
- [ ]
- [ ]
- [ ]
- [ ]

- [ ]
- [ ]
- [ ]
- [ ]
- [ ]
- [ ]
- [ ]
- [ ]
- [ ]

- [ ]
- [ ]
- [ ]
- [ ]
- [ ]
- [ ]
- [ ]
- [ ]
- [ ]

Instructions

Recipe

SERVES:

PREP TIME:

BAKE TIME:

Ingredients

- [ ]
- [ ]
- [ ]
- [ ]
- [ ]
- [ ]
- [ ]
- [ ]
- [ ]
- [ ]

- [ ]
- [ ]
- [ ]
- [ ]
- [ ]
- [ ]
- [ ]
- [ ]
- [ ]
- [ ]

- [ ]
- [ ]
- [ ]
- [ ]
- [ ]
- [ ]
- [ ]
- [ ]
- [ ]
- [ ]

Instructions

Recipe

SERVES:

PREP TIME:

BAKE TIME:

Ingredients

- [ ]
- [ ]
- [ ]
- [ ]
- [ ]
- [ ]
- [ ]
- [ ]
- [ ]
- [ ]

- [ ]
- [ ]
- [ ]
- [ ]
- [ ]
- [ ]
- [ ]
- [ ]
- [ ]

- [ ]
- [ ]
- [ ]
- [ ]
- [ ]
- [ ]
- [ ]
- [ ]
- [ ]

Instructions

Recipe

SERVES:

PREP TIME:

BAKE TIME:

Ingredients

- [ ]
- [ ]
- [ ]
- [ ]
- [ ]
- [ ]
- [ ]
- [ ]
- [ ]
- [ ]

Instructions

Recipe Planner

RECIPE:

SOURCE:

SERVINGS

RATING:

★ ★ ★ ★ ★

PREP TIME

BAKE TIME

INGREDIENTS

DIRECTIONS

Notes

Recipe Reviews

REVIEWS

RECIPE	DIFFICULTY LEVEL	RATING
	1 2 3 4 5	★ ★ ★ ★ ★
	1 2 3 4 5	★ ★ ★ ★ ★
	1 2 3 4 5	★ ★ ★ ★ ★
	1 2 3 4 5	★ ★ ★ ★ ★
	1 2 3 4 5	★ ★ ★ ★ ★
	1 2 3 4 5	★ ★ ★ ★ ★
	1 2 3 4 5	★ ★ ★ ★ ★
	1 2 3 4 5	★ ★ ★ ★ ★
	1 2 3 4 5	★ ★ ★ ★ ★
	1 2 3 4 5	★ ★ ★ ★ ★
	1 2 3 4 5	★ ★ ★ ★ ★
	1 2 3 4 5	★ ★ ★ ★ ★
	1 2 3 4 5	★ ★ ★ ★ ★
	1 2 3 4 5	★ ★ ★ ★ ★
	1 2 3 4 5	★ ★ ★ ★ ★
	1 2 3 4 5	★ ★ ★ ★ ★
	1 2 3 4 5	★ ★ ★ ★ ★
	1 2 3 4 5	★ ★ ★ ★ ★
	1 2 3 4 5	★ ★ ★ ★ ★

FAVORITE RECIPES	SERVINGS	PREP TIME	BAKING TIME

Recipe Notes

_____
_____
_____
_____
_____
_____
_____
_____
_____
_____
_____
_____
_____
_____
_____
_____
_____
_____

Ideas	Notes

Recipe

SERVES:

PREP TIME:

BAKE TIME:

Ingredients

- [ ]
- [ ]
- [ ]
- [ ]
- [ ]
- [ ]
- [ ]
- [ ]
- [ ]
- [ ]

Instructions

Recipe

SERVES:	PREP TIME:	BAKE TIME:

Ingredients

☐ _____   ☐ _____   ☐ _____
☐ _____   ☐ _____   ☐ _____
☐ _____   ☐ _____   ☐ _____
☐ _____   ☐ _____   ☐ _____
☐ _____   ☐ _____   ☐ _____
☐ _____   ☐ _____   ☐ _____
☐ _____   ☐ _____   ☐ _____
☐ _____   ☐ _____   ☐ _____
☐ _____   ☐ _____
☐ _____   ☐ _____   ☐ _____

Instructions

_____
_____
_____
_____
_____
_____
_____
_____
_____

Recipe

SERVES:

PREP TIME:

BAKE TIME:

Ingredients

- [ ]
- [ ]
- [ ]
- [ ]
- [ ]
- [ ]
- [ ]
- [ ]
- [ ]
- [ ]

- [ ]
- [ ]
- [ ]
- [ ]
- [ ]
- [ ]
- [ ]
- [ ]
- [ ]
- [ ]

- [ ]
- [ ]
- [ ]
- [ ]
- [ ]
- [ ]
- [ ]
- [ ]
- [ ]

Instructions

Recipe

SERVES:	PREP TIME:	BAKE TIME:

Ingredients

- [ ]
- [ ]
- [ ]
- [ ]
- [ ]
- [ ]
- [ ]
- [ ]
- [ ]
- [ ]

Instructions

Recipe

SERVES:

PREP TIME:

BAKE TIME:

Ingredients

- [ ]
- [ ]
- [ ]
- [ ]
- [ ]
- [ ]
- [ ]
- [ ]
- [ ]
- [ ]

Instructions

Recipe Planner

RECIPE:

SOURCE:

SERVINGS

RATING:

★ ★ ★ ★ ★

PREP TIME

BAKE TIME

INGREDIENTS

DIRECTIONS

Notes

Recipe Reviews

REVIEWS

RECIPE	DIFFICULTY LEVEL	RATING
	1 2 3 4 5	★ ★ ★ ★ ★
	1 2 3 4 5	★ ★ ★ ★ ★
	1 2 3 4 5	★ ★ ★ ★ ★
	1 2 3 4 5	★ ★ ★ ★ ★
	1 2 3 4 5	★ ★ ★ ★ ★
	1 2 3 4 5	★ ★ ★ ★ ★
	1 2 3 4 5	★ ★ ★ ★ ★
	1 2 3 4 5	★ ★ ★ ★ ★
	1 2 3 4 5	★ ★ ★ ★ ★
	1 2 3 4 5	★ ★ ★ ★ ★
	1 2 3 4 5	★ ★ ★ ★ ★
	1 2 3 4 5	★ ★ ★ ★ ★
	1 2 3 4 5	★ ★ ★ ★ ★
	1 2 3 4 5	★ ★ ★ ★ ★
	1 2 3 4 5	★ ★ ★ ★ ★
	1 2 3 4 5	★ ★ ★ ★ ★
	1 2 3 4 5	★ ★ ★ ★ ★
	1 2 3 4 5	★ ★ ★ ★ ★
	1 2 3 4 5	★ ★ ★ ★ ★

FAVORITE RECIPES	SERVINGS	PREP TIME	BAKING TIME

Recipe Notes

_____

_____

_____

_____

_____

_____

_____

_____

_____

_____

_____

_____

_____

_____

_____

_____

_____

_____

_____

Ideas

Notes

Recipe

SERVES:

PREP TIME:

BAKE TIME:

Ingredients

Instructions

Recipe

SERVES:	PREP TIME:	BAKE TIME:

Ingredients

- [ ] _____
- [ ] _____
- [ ] _____
- [ ] _____
- [ ] _____
- [ ] _____
- [ ] _____
- [ ] _____
- [ ] _____
- [ ] _____

- [ ] _____
- [ ] _____
- [ ] _____
- [ ] _____
- [ ] _____
- [ ] _____
- [ ] _____
- [ ] _____
- [ ] _____
- [ ] _____

- [ ] _____
- [ ] _____
- [ ] _____
- [ ] _____
- [ ] _____
- [ ] _____
- [ ] _____
- [ ] _____
- [ ] _____
- [ ] _____

Instructions

_____
_____
_____
_____
_____
_____
_____
_____
_____
_____

Recipe

SERVES:　　　　　**PREP TIME:**　　　　　**BAKE TIME:**

Ingredients

- [ ]
- [ ]
- [ ]
- [ ]
- [ ]
- [ ]
- [ ]
- [ ]
- [ ]
- [ ]

Instructions

Recipe

SERVES:

PREP TIME:

BAKE TIME:

Ingredients

- [ ]
- [ ]
- [ ]
- [ ]
- [ ]
- [ ]
- [ ]
- [ ]
- [ ]
- [ ]

- [ ]
- [ ]
- [ ]
- [ ]
- [ ]
- [ ]
- [ ]
- [ ]
- [ ]
- [ ]

- [ ]
- [ ]
- [ ]
- [ ]
- [ ]
- [ ]
- [ ]
- [ ]
- [ ]
- [ ]

Instructions

Recipe

SERVES: **PREP TIME:**   **BAKE TIME:**

Ingredients

- [ ]
- [ ]
- [ ]
- [ ]
- [ ]
- [ ]
- [ ]
- [ ]
- [ ]
- [ ]

- [ ]
- [ ]
- [ ]
- [ ]
- [ ]
- [ ]
- [ ]
- [ ]
- [ ]
- [ ]

- [ ]
- [ ]
- [ ]
- [ ]
- [ ]
- [ ]
- [ ]
- [ ]
- [ ]
- [ ]

Instructions

Recipe Planner

RECIPE:

SOURCE:

SERVINGS

RATING:

★ ★ ★ ★ ★

PREP TIME

BAKE TIME

INGREDIENTS

DIRECTIONS

Notes

Recipe Reviews

REVIEWS

RECIPE	DIFFICULTY LEVEL	RATING
	1 2 3 4 5	★ ★ ★ ★ ★
	1 2 3 4 5	★ ★ ★ ★ ★
	1 2 3 4 5	★ ★ ★ ★ ★
	1 2 3 4 5	★ ★ ★ ★ ★
	1 2 3 4 5	★ ★ ★ ★ ★
	1 2 3 4 5	★ ★ ★ ★ ★
	1 2 3 4 5	★ ★ ★ ★ ★
	1 2 3 4 5	★ ★ ★ ★ ★
	1 2 3 4 5	★ ★ ★ ★ ★
	1 2 3 4 5	★ ★ ★ ★ ★
	1 2 3 4 5	★ ★ ★ ★ ★
	1 2 3 4 5	★ ★ ★ ★ ★
	1 2 3 4 5	★ ★ ★ ★ ★
	1 2 3 4 5	★ ★ ★ ★ ★
	1 2 3 4 5	★ ★ ★ ★ ★
	1 2 3 4 5	★ ★ ★ ★ ★
	1 2 3 4 5	★ ★ ★ ★ ★
	1 2 3 4 5	★ ★ ★ ★ ★
	1 2 3 4 5	★ ★ ★ ★ ★

FAVORITE RECIPES	SERVINGS	PREP TIME	BAKING TIME

Recipe Notes

_____

_____

_____

_____

_____

_____

_____

_____

_____

_____

_____

_____

_____

_____

_____

_____

_____

Ideas	Notes

Recipe

SERVES:

PREP TIME:

BAKE TIME:

Ingredients

Instructions

Recipe

SERVES: **PREP TIME:** **BAKE TIME:**

Ingredients

- [ ]
- [ ]
- [ ]
- [ ]
- [ ]
- [ ]
- [ ]
- [ ]
- [ ]
- [ ]

- [ ]
- [ ]
- [ ]
- [ ]
- [ ]
- [ ]
- [ ]
- [ ]
- [ ]

- [ ]
- [ ]
- [ ]
- [ ]
- [ ]
- [ ]
- [ ]
- [ ]

Instructions

Recipe

SERVES:

PREP TIME:

BAKE TIME:

Ingredients

- [ ]
- [ ]
- [ ]
- [ ]
- [ ]
- [ ]
- [ ]
- [ ]
- [ ]
- [ ]

- [ ]
- [ ]
- [ ]
- [ ]
- [ ]
- [ ]
- [ ]
- [ ]
- [ ]
- [ ]

- [ ]
- [ ]
- [ ]
- [ ]
- [ ]
- [ ]
- [ ]
- [ ]
- [ ]
- [ ]

Instructions

Recipe

SERVES:	PREP TIME:	BAKE TIME:

Ingredients

- [ ]
- [ ]
- [ ]
- [ ]
- [ ]
- [ ]
- [ ]
- [ ]
- [ ]
- [ ]

Instructions

Recipe

SERVES:

PREP TIME:

BAKE TIME:

Ingredients

Instructions

Recipe Planner

RECIPE:

SOURCE:

SERVINGS

RATING:

★ ★ ★ ★ ★

PREP TIME	BAKE TIME

INGREDIENTS

DIRECTIONS

Notes

Recipe Reviews

REVIEWS

RECIPE	DIFFICULTY LEVEL	RATING
	1 2 3 4 5	★ ★ ★ ★ ★
	1 2 3 4 5	★ ★ ★ ★ ★
	1 2 3 4 5	★ ★ ★ ★ ★
	1 2 3 4 5	★ ★ ★ ★ ★
	1 2 3 4 5	★ ★ ★ ★ ★
	1 2 3 4 5	★ ★ ★ ★ ★
	1 2 3 4 5	★ ★ ★ ★ ★
	1 2 3 4 5	★ ★ ★ ★ ★
	1 2 3 4 5	★ ★ ★ ★ ★
	1 2 3 4 5	★ ★ ★ ★ ★
	1 2 3 4 5	★ ★ ★ ★ ★
	1 2 3 4 5	★ ★ ★ ★ ★
	1 2 3 4 5	★ ★ ★ ★ ★
	1 2 3 4 5	★ ★ ★ ★ ★
	1 2 3 4 5	★ ★ ★ ★ ★
	1 2 3 4 5	★ ★ ★ ★ ★
	1 2 3 4 5	★ ★ ★ ★ ★
	1 2 3 4 5	★ ★ ★ ★ ★
	1 2 3 4 5	★ ★ ★ ★ ★

FAVORITE RECIPES	SERVINGS	PREP TIME	BAKING TIME

Recipe Notes

Ideas

Notes

Recipe

SERVES: **PREP TIME:** **BAKE TIME:**

Ingredients

Instructions

Recipe

SERVES:	PREP TIME:	BAKE TIME:

Ingredients

- [ ] _____
- [ ] _____
- [ ] _____
- [ ] _____
- [ ] _____
- [ ] _____
- [ ] _____
- [ ] _____
- [ ] _____
- [ ] _____

- [ ] _____
- [ ] _____
- [ ] _____
- [ ] _____
- [ ] _____
- [ ] _____
- [ ] _____
- [ ] _____
- [ ] _____
- [ ] _____

- [ ] _____
- [ ] _____
- [ ] _____
- [ ] _____
- [ ] _____
- [ ] _____
- [ ] _____
- [ ] _____
- [ ] _____
- [ ] _____

Instructions

_____

_____

_____

_____

_____

_____

_____

_____

_____

Recipe

SERVES:	PREP TIME:	BAKE TIME:

Ingredients

- ☐ _____
- ☐ _____
- ☐ _____
- ☐ _____
- ☐ _____
- ☐ _____
- ☐ _____
- ☐ _____
- ☐ _____
- ☐ _____

- ☐ _____
- ☐ _____
- ☐ _____
- ☐ _____
- ☐ _____
- ☐ _____
- ☐ _____
- ☐ _____
- ☐ _____
- ☐ _____

- ☐ _____
- ☐ _____
- ☐ _____
- ☐ _____
- ☐ _____
- ☐ _____
- ☐ _____
- ☐ _____
- ☐ _____

Instructions

_____
_____
_____
_____
_____
_____
_____
_____
_____
_____

Recipe

SERVES:	PREP TIME:	BAKE TIME:

Ingredients

Instructions

Recipe

| SERVES: | PREP TIME: | BAKE TIME: |

Ingredients

- [ ] _____
- [ ] _____
- [ ] _____
- [ ] _____
- [ ] _____
- [ ] _____
- [ ] _____
- [ ] _____
- [ ] _____
- [ ] _____

- [ ] _____
- [ ] _____
- [ ] _____
- [ ] _____
- [ ] _____
- [ ] _____
- [ ] _____
- [ ] _____
- [ ] _____
- [ ] _____

- [ ] _____
- [ ] _____
- [ ] _____
- [ ] _____
- [ ] _____
- [ ] _____
- [ ] _____
- [ ] _____
- [ ] _____
- [ ] _____

Instructions

_____

_____

_____

_____

_____

_____

_____

_____

_____

_____

Recipe Planner

RECIPE:

SOURCE:

SERVINGS

RATING:

★ ★ ★ ★ ★

PREP TIME

BAKE TIME

INGREDIENTS

DIRECTIONS

Notes

Recipe Reviews

REVIEWS

RECIPE	DIFFICULTY LEVEL	RATING
	1 2 3 4 5	★ ★ ★ ★ ★
	1 2 3 4 5	★ ★ ★ ★ ★
	1 2 3 4 5	★ ★ ★ ★ ★
	1 2 3 4 5	★ ★ ★ ★ ★
	1 2 3 4 5	★ ★ ★ ★ ★
	1 2 3 4 5	★ ★ ★ ★ ★
	1 2 3 4 5	★ ★ ★ ★ ★
	1 2 3 4 5	★ ★ ★ ★ ★
	1 2 3 4 5	★ ★ ★ ★ ★
	1 2 3 4 5	★ ★ ★ ★ ★
	1 2 3 4 5	★ ★ ★ ★ ★
	1 2 3 4 5	★ ★ ★ ★ ★
	1 2 3 4 5	★ ★ ★ ★ ★
	1 2 3 4 5	★ ★ ★ ★ ★
	1 2 3 4 5	★ ★ ★ ★ ★
	1 2 3 4 5	★ ★ ★ ★ ★
	1 2 3 4 5	★ ★ ★ ★ ★
	1 2 3 4 5	★ ★ ★ ★ ★
	1 2 3 4 5	★ ★ ★ ★ ★

FAVORITE RECIPES	SERVINGS	PREP TIME	BAKING TIME

Recipe Notes

Ideas

Notes

Recipe

SERVES:

PREP TIME:

BAKE TIME:

Ingredients

- [ ]
- [ ]
- [ ]
- [ ]
- [ ]
- [ ]
- [ ]
- [ ]
- [ ]
- [ ]

- [ ]
- [ ]
- [ ]
- [ ]
- [ ]
- [ ]
- [ ]
- [ ]
- [ ]
- [ ]

- [ ]
- [ ]
- [ ]
- [ ]
- [ ]
- [ ]
- [ ]
- [ ]
- [ ]
- [ ]

Instructions

Recipe

SERVES:

PREP TIME:

BAKE TIME:

Ingredients

- [ ]
- [ ]
- [ ]
- [ ]
- [ ]
- [ ]
- [ ]
- [ ]
- [ ]
- [ ]

- [ ]
- [ ]
- [ ]
- [ ]
- [ ]
- [ ]
- [ ]
- [ ]
- [ ]

- [ ]
- [ ]
- [ ]
- [ ]
- [ ]
- [ ]
- [ ]
- [ ]
- [ ]

Instructions

Recipe

SERVES:

PREP TIME:

BAKE TIME:

Ingredients

Instructions

Recipe

SERVES:	PREP TIME:	BAKE TIME:

Ingredients

- [ ]
- [ ]
- [ ]
- [ ]
- [ ]
- [ ]
- [ ]
- [ ]
- [ ]
- [ ]

- [ ]
- [ ]
- [ ]
- [ ]
- [ ]
- [ ]
- [ ]
- [ ]
- [ ]

- [ ]
- [ ]
- [ ]
- [ ]
- [ ]
- [ ]
- [ ]
- [ ]
- [ ]

Instructions

Recipe

SERVES:

PREP TIME:

BAKE TIME:

Ingredients

Instructions

Recipe Planner

RECIPE:

SOURCE:

SERVINGS

RATING:

★ ★ ★ ★ ★

PREP TIME

BAKE TIME

INGREDIENTS

DIRECTIONS

Notes

Recipe Reviews

REVIEWS

RECIPE	DIFFICULTY LEVEL	RATING
	1 2 3 4 5	★ ★ ★ ★ ★
	1 2 3 4 5	★ ★ ★ ★ ★
	1 2 3 4 5	★ ★ ★ ★ ★
	1 2 3 4 5	★ ★ ★ ★ ★
	1 2 3 4 5	★ ★ ★ ★ ★
	1 2 3 4 5	★ ★ ★ ★ ★
	1 2 3 4 5	★ ★ ★ ★ ★
	1 2 3 4 5	★ ★ ★ ★ ★
	1 2 3 4 5	★ ★ ★ ★ ★
	1 2 3 4 5	★ ★ ★ ★ ★
	1 2 3 4 5	★ ★ ★ ★ ★
	1 2 3 4 5	★ ★ ★ ★ ★
	1 2 3 4 5	★ ★ ★ ★ ★
	1 2 3 4 5	★ ★ ★ ★ ★
	1 2 3 4 5	★ ★ ★ ★ ★
	1 2 3 4 5	★ ★ ★ ★ ★
	1 2 3 4 5	★ ★ ★ ★ ★
	1 2 3 4 5	★ ★ ★ ★ ★
	1 2 3 4 5	★ ★ ★ ★ ★

FAVORITE RECIPES	SERVINGS	PREP TIME	BAKING TIME

Recipe Notes

_____
_____
_____
_____
_____
_____
_____
_____
_____
_____
_____
_____
_____
_____
_____
_____
_____
_____
_____

Ideas

Notes

Recipe

SERVES:

PREP TIME:

BAKE TIME:

Ingredients

- [ ]
- [ ]
- [ ]
- [ ]
- [ ]
- [ ]
- [ ]
- [ ]
- [ ]
- [ ]

- [ ]
- [ ]
- [ ]
- [ ]
- [ ]
- [ ]
- [ ]
- [ ]
- [ ]
- [ ]

- [ ]
- [ ]
- [ ]
- [ ]
- [ ]
- [ ]
- [ ]
- [ ]
- [ ]
- [ ]

Instructions

Recipe

SERVES:

PREP TIME:

BAKE TIME:

Ingredients

Instructions

Recipe

Ingredients

Instructions

Recipe

SERVES:

PREP TIME:

BAKE TIME:

Ingredients

- [ ]
- [ ]
- [ ]
- [ ]
- [ ]
- [ ]
- [ ]
- [ ]
- [ ]
- [ ]

- [ ]
- [ ]
- [ ]
- [ ]
- [ ]
- [ ]
- [ ]
- [ ]
- [ ]

- [ ]
- [ ]
- [ ]
- [ ]
- [ ]
- [ ]
- [ ]
- [ ]
- [ ]

Instructions

Recipe

SERVES:	PREP TIME:	BAKE TIME:

Ingredients

Instructions

Recipe Planner

RECIPE:

SOURCE:

SERVINGS

RATING:

★ ★ ★ ★ ★

PREP TIME

BAKE TIME

INGREDIENTS

DIRECTIONS

Notes

Recipe Reviews

REVIEWS

RECIPE	DIFFICULTY LEVEL	RATING
	1 2 3 4 5	★ ★ ★ ★ ★
	1 2 3 4 5	★ ★ ★ ★ ★
	1 2 3 4 5	★ ★ ★ ★ ★
	1 2 3 4 5	★ ★ ★ ★ ★
	1 2 3 4 5	★ ★ ★ ★ ★
	1 2 3 4 5	★ ★ ★ ★ ★
	1 2 3 4 5	★ ★ ★ ★ ★
	1 2 3 4 5	★ ★ ★ ★ ★
	1 2 3 4 5	★ ★ ★ ★ ★
	1 2 3 4 5	★ ★ ★ ★ ★
	1 2 3 4 5	★ ★ ★ ★ ★
	1 2 3 4 5	★ ★ ★ ★ ★
	1 2 3 4 5	★ ★ ★ ★ ★
	1 2 3 4 5	★ ★ ★ ★ ★
	1 2 3 4 5	★ ★ ★ ★ ★
	1 2 3 4 5	★ ★ ★ ★ ★
	1 2 3 4 5	★ ★ ★ ★ ★
	1 2 3 4 5	★ ★ ★ ★ ★
	1 2 3 4 5	★ ★ ★ ★ ★

FAVORITE RECIPES	SERVINGS	PREP TIME	BAKING TIME

Recipe Notes

Ideas

Notes

Recipe

SERVES:

PREP TIME:

BAKE TIME:

Ingredients

Instructions

Recipe

| SERVES: | PREP TIME: | BAKE TIME: |

Ingredients

- [ ] _____
- [ ] _____
- [ ] _____
- [ ] _____
- [ ] _____
- [ ] _____
- [ ] _____
- [ ] _____
- [ ] _____
- [ ] _____

- [ ] _____
- [ ] _____
- [ ] _____
- [ ] _____
- [ ] _____
- [ ] _____
- [ ] _____
- [ ] _____
- [ ] _____

- [ ] _____
- [ ] _____
- [ ] _____
- [ ] _____
- [ ] _____
- [ ] _____
- [ ] _____
- [ ] _____
- [ ] _____

Instructions

_____
_____
_____
_____
_____
_____
_____
_____
_____
_____

Recipe

SERVES:

PREP TIME:

BAKE TIME:

Ingredients

☐
☐
☐
☐
☐
☐
☐
☐
☐
☐

☐
☐
☐
☐
☐
☐
☐
☐
☐
☐

☐
☐
☐
☐
☐
☐
☐
☐
☐
☐

Instructions

Recipe

SERVES:

PREP TIME:

BAKE TIME:

Ingredients

- [ ] _____
- [ ] _____
- [ ] _____
- [ ] _____
- [ ] _____
- [ ] _____
- [ ] _____
- [ ] _____
- [ ] _____
- [ ] _____

- [ ] _____
- [ ] _____
- [ ] _____
- [ ] _____
- [ ] _____
- [ ] _____
- [ ] _____
- [ ] _____
- [ ] _____
- [ ] _____

- [ ] _____
- [ ] _____
- [ ] _____
- [ ] _____
- [ ] _____
- [ ] _____
- [ ] _____
- [ ] _____
- [ ] _____
- [ ] _____

Instructions

_____

_____

_____

_____

_____

_____

_____

_____

_____

Recipe

SERVES:

PREP TIME:

BAKE TIME:

Ingredients

- [ ]
- [ ]
- [ ]
- [ ]
- [ ]
- [ ]
- [ ]
- [ ]
- [ ]
- [ ]

- [ ]
- [ ]
- [ ]
- [ ]
- [ ]
- [ ]
- [ ]
- [ ]
- [ ]
- [ ]

- [ ]
- [ ]
- [ ]
- [ ]
- [ ]
- [ ]
- [ ]
- [ ]
- [ ]

Instructions

Recipe Planner

RECIPE:

SOURCE:

SERVINGS

RATING:

★ ★ ★ ★ ★

PREP TIME

BAKE TIME

INGREDIENTS

DIRECTIONS

Notes

Recipe Reviews

REVIEWS

RECIPE	DIFFICULTY LEVEL	RATING
	1 2 3 4 5	★ ★ ★ ★ ★
	1 2 3 4 5	★ ★ ★ ★ ★
	1 2 3 4 5	★ ★ ★ ★ ★
	1 2 3 4 5	★ ★ ★ ★ ★
	1 2 3 4 5	★ ★ ★ ★ ★
	1 2 3 4 5	★ ★ ★ ★ ★
	1 2 3 4 5	★ ★ ★ ★ ★
	1 2 3 4 5	★ ★ ★ ★ ★
	1 2 3 4 5	★ ★ ★ ★ ★
	1 2 3 4 5	★ ★ ★ ★ ★
	1 2 3 4 5	★ ★ ★ ★ ★
	1 2 3 4 5	★ ★ ★ ★ ★
	1 2 3 4 5	★ ★ ★ ★ ★
	1 2 3 4 5	★ ★ ★ ★ ★
	1 2 3 4 5	★ ★ ★ ★ ★
	1 2 3 4 5	★ ★ ★ ★ ★
	1 2 3 4 5	★ ★ ★ ★ ★
	1 2 3 4 5	★ ★ ★ ★ ★
	1 2 3 4 5	★ ★ ★ ★ ★

FAVORITE RECIPES	SERVINGS	PREP TIME	BAKING TIME

Recipe Notes

_____

_____

_____

_____

_____

_____

_____

_____

_____

_____

_____

_____

_____

_____

_____

_____

_____

_____

Ideas

Notes

Recipe

SERVES:	PREP TIME:	BAKE TIME:

Ingredients

- [ ]
- [ ]
- [ ]
- [ ]
- [ ]
- [ ]
- [ ]
- [ ]
- [ ]
- [ ]

Instructions

Recipe

SERVES:

PREP TIME:

BAKE TIME:

Ingredients

- [ ]
- [ ]
- [ ]
- [ ]
- [ ]
- [ ]
- [ ]
- [ ]
- [ ]
- [ ]

- [ ]
- [ ]
- [ ]
- [ ]
- [ ]
- [ ]
- [ ]
- [ ]
- [ ]
- [ ]

- [ ]
- [ ]
- [ ]
- [ ]
- [ ]
- [ ]
- [ ]
- [ ]
- [ ]
- [ ]

Instructions

Recipe

SERVES:

PREP TIME:

BAKE TIME:

Ingredients

- [ ]
- [ ]
- [ ]
- [ ]
- [ ]
- [ ]
- [ ]
- [ ]
- [ ]
- [ ]

- [ ]
- [ ]
- [ ]
- [ ]
- [ ]
- [ ]
- [ ]
- [ ]
- [ ]
- [ ]

- [ ]
- [ ]
- [ ]
- [ ]
- [ ]
- [ ]
- [ ]
- [ ]
- [ ]
- [ ]

Instructions

Recipe

SERVES:

PREP TIME:

BAKE TIME:

Ingredients

- [ ]
- [ ]
- [ ]
- [ ]
- [ ]
- [ ]
- [ ]
- [ ]
- [ ]
- [ ]

Instructions

Recipe

SERVES:	PREP TIME:	BAKE TIME:

Ingredients

- [ ] _____
- [ ] _____
- [ ] _____
- [ ] _____
- [ ] _____
- [ ] _____
- [ ] _____
- [ ] _____
- [ ] _____
- [ ] _____

- [ ] _____
- [ ] _____
- [ ] _____
- [ ] _____
- [ ] _____
- [ ] _____
- [ ] _____
- [ ] _____
- [ ] _____

- [ ] _____
- [ ] _____
- [ ] _____
- [ ] _____
- [ ] _____
- [ ] _____
- [ ] _____
- [ ] _____
- [ ] _____

Instructions

_____

_____

_____

_____

_____

_____

_____

_____

_____

Recipe Planner

RECIPE:

SOURCE:

SERVINGS

RATING:

★ ★ ★ ★ ★

PREP TIME

BAKE TIME

INGREDIENTS

DIRECTIONS

Notes

Recipe Reviews

REVIEWS

RECIPE	DIFFICULTY LEVEL	RATING
	1 2 3 4 5	★ ★ ★ ★ ★
	1 2 3 4 5	★ ★ ★ ★ ★
	1 2 3 4 5	★ ★ ★ ★ ★
	1 2 3 4 5	★ ★ ★ ★ ★
	1 2 3 4 5	★ ★ ★ ★ ★
	1 2 3 4 5	★ ★ ★ ★ ★
	1 2 3 4 5	★ ★ ★ ★ ★
	1 2 3 4 5	★ ★ ★ ★ ★
	1 2 3 4 5	★ ★ ★ ★ ★
	1 2 3 4 5	★ ★ ★ ★ ★
	1 2 3 4 5	★ ★ ★ ★ ★
	1 2 3 4 5	★ ★ ★ ★ ★
	1 2 3 4 5	★ ★ ★ ★ ★
	1 2 3 4 5	★ ★ ★ ★ ★
	1 2 3 4 5	★ ★ ★ ★ ★
	1 2 3 4 5	★ ★ ★ ★ ★
	1 2 3 4 5	★ ★ ★ ★ ★
	1 2 3 4 5	★ ★ ★ ★ ★
	1 2 3 4 5	★ ★ ★ ★ ★

FAVORITE RECIPES	SERVINGS	PREP TIME	BAKING TIME

Recipe Notes

Ideas

Notes

Recipe

SERVES:

PREP TIME:

BAKE TIME:

Ingredients

Instructions

Recipe

SERVES:

PREP TIME:

BAKE TIME:

Ingredients

Instructions

Recipe

SERVES:	PREP TIME:	BAKE TIME:

Ingredients

- [ ]
- [ ]
- [ ]
- [ ]
- [ ]
- [ ]
- [ ]
- [ ]
- [ ]
- [ ]

- [ ]
- [ ]
- [ ]
- [ ]
- [ ]
- [ ]
- [ ]
- [ ]
- [ ]
- [ ]

- [ ]
- [ ]
- [ ]
- [ ]
- [ ]
- [ ]
- [ ]
- [ ]
- [ ]
- [ ]

Instructions

Recipe

SERVES:

PREP TIME:

BAKE TIME:

Ingredients

Instructions

Recipe

SERVES:	PREP TIME:	BAKE TIME:

Ingredients

Instructions

Recipe Planner

RECIPE:

SOURCE:

SERVINGS

RATING:

★ ★ ★ ★ ★

PREP TIME

BAKE TIME

INGREDIENTS

DIRECTIONS

Notes

Recipe Reviews

RECIPE	DIFFICULTY LEVEL	RATING
	1 2 3 4 5	★ ★ ★ ★ ★
	1 2 3 4 5	★ ★ ★ ★ ★
	1 2 3 4 5	★ ★ ★ ★ ★
	1 2 3 4 5	★ ★ ★ ★ ★
	1 2 3 4 5	★ ★ ★ ★ ★
	1 2 3 4 5	★ ★ ★ ★ ★
	1 2 3 4 5	★ ★ ★ ★ ★
	1 2 3 4 5	★ ★ ★ ★ ★
	1 2 3 4 5	★ ★ ★ ★ ★
	1 2 3 4 5	★ ★ ★ ★ ★
	1 2 3 4 5	★ ★ ★ ★ ★
	1 2 3 4 5	★ ★ ★ ★ ★
	1 2 3 4 5	★ ★ ★ ★ ★
	1 2 3 4 5	★ ★ ★ ★ ★
	1 2 3 4 5	★ ★ ★ ★ ★
	1 2 3 4 5	★ ★ ★ ★ ★
	1 2 3 4 5	★ ★ ★ ★ ★
	1 2 3 4 5	★ ★ ★ ★ ★
	1 2 3 4 5	★ ★ ★ ★ ★

FAVORITE RECIPES	SERVINGS	PREP TIME	BAKING TIME

Recipe Notes

Ideas

Notes

Recipe

SERVES:	PREP TIME:	BAKE TIME:

Ingredients

- [ ]
- [ ]
- [ ]
- [ ]
- [ ]
- [ ]
- [ ]
- [ ]
- [ ]
- [ ]

Instructions

Recipe

SERVES:

PREP TIME:

BAKE TIME:

Ingredients

- [ ]
- [ ]
- [ ]
- [ ]
- [ ]
- [ ]
- [ ]
- [ ]
- [ ]
- [ ]

Instructions

Recipe

SERVES:

PREP TIME:

BAKE TIME:

Ingredients

- [ ]
- [ ]
- [ ]
- [ ]
- [ ]
- [ ]
- [ ]
- [ ]
- [ ]
- [ ]

Instructions

Recipe

SERVES:

PREP TIME:

BAKE TIME:

Ingredients

- [ ]
- [ ]
- [ ]
- [ ]
- [ ]
- [ ]
- [ ]
- [ ]
- [ ]
- [ ]

- [ ]
- [ ]
- [ ]
- [ ]
- [ ]
- [ ]
- [ ]
- [ ]
- [ ]

- [ ]
- [ ]
- [ ]
- [ ]
- [ ]
- [ ]
- [ ]
- [ ]
- [ ]

Instructions

Recipe

SERVES:　　　　　**PREP TIME:**　　　　　**BAKE TIME:**

Ingredients

Instructions

Recipe Planner

RECIPE:

SOURCE:

SERVINGS

RATING:

★ ★ ★ ★ ★

PREP TIME

BAKE TIME

INGREDIENTS

DIRECTIONS

Notes

Recipe Reviews

REVIEWS

RECIPE	DIFFICULTY LEVEL	RATING
	1 2 3 4 5	★ ★ ★ ★ ★
	1 2 3 4 5	★ ★ ★ ★ ★
	1 2 3 4 5	★ ★ ★ ★ ★
	1 2 3 4 5	★ ★ ★ ★ ★
	1 2 3 4 5	★ ★ ★ ★ ★
	1 2 3 4 5	★ ★ ★ ★ ★
	1 2 3 4 5	★ ★ ★ ★ ★
	1 2 3 4 5	★ ★ ★ ★ ★
	1 2 3 4 5	★ ★ ★ ★ ★
	1 2 3 4 5	★ ★ ★ ★ ★
	1 2 3 4 5	★ ★ ★ ★ ★
	1 2 3 4 5	★ ★ ★ ★ ★
	1 2 3 4 5	★ ★ ★ ★ ★
	1 2 3 4 5	★ ★ ★ ★ ★
	1 2 3 4 5	★ ★ ★ ★ ★
	1 2 3 4 5	★ ★ ★ ★ ★
	1 2 3 4 5	★ ★ ★ ★ ★
	1 2 3 4 5	★ ★ ★ ★ ★
	1 2 3 4 5	★ ★ ★ ★ ★

FAVORITE RECIPES	SERVINGS	PREP TIME	BAKING TIME

Recipe Notes

_____
_____
_____
_____
_____
_____
_____
_____
_____
_____
_____
_____
_____
_____
_____
_____
_____
_____

Ideas

Notes

Recipe

SERVES:

PREP TIME:

BAKE TIME:

Ingredients

Instructions

Recipe

SERVES:

PREP TIME:

BAKE TIME:

Ingredients

Instructions

Recipe

SERVES:　　　　　　**PREP TIME:**　　　　　　**BAKE TIME:**

Ingredients

- [ ] _____
- [ ] _____
- [ ] _____
- [ ] _____
- [ ] _____
- [ ] _____
- [ ] _____
- [ ] _____
- [ ] _____
- [ ] _____

- [ ] _____
- [ ] _____
- [ ] _____
- [ ] _____
- [ ] _____
- [ ] _____
- [ ] _____
- [ ] _____
- [ ] _____
- [ ] _____

- [ ] _____
- [ ] _____
- [ ] _____
- [ ] _____
- [ ] _____
- [ ] _____
- [ ] _____
- [ ] _____
- [ ] _____
- [ ] _____

Instructions

_____

_____

_____

_____

_____

_____

_____

_____

_____

Recipe

| SERVES: | PREP TIME: | BAKE TIME: |

Ingredients

- [ ] _____
- [ ] _____
- [ ] _____
- [ ] _____
- [ ] _____
- [ ] _____
- [ ] _____
- [ ] _____
- [ ] _____
- [ ] _____

- [ ] _____
- [ ] _____
- [ ] _____
- [ ] _____
- [ ] _____
- [ ] _____
- [ ] _____
- [ ] _____
- [ ] _____

- [ ] _____
- [ ] _____
- [ ] _____
- [ ] _____
- [ ] _____
- [ ] _____
- [ ] _____
- [ ] _____
- [ ] _____

Instructions

_____
_____
_____
_____
_____
_____
_____
_____
_____

Recipe

Ingredients

Instructions

Recipe Planner

RECIPE:

SOURCE:

SERVINGS

RATING:

★ ★ ★ ★ ★

PREP TIME

BAKE TIME

INGREDIENTS

DIRECTIONS

Notes

Made in the USA
Las Vegas, NV
13 November 2021